L e s m e i l l

recettes de Bretagne

La présentation des plats a été réalisée grâce à la participation des Faïenceries de Quimper H.B. Henriot, plats et assiettes entièrement décorés à la main.

Recettes Raymonde Charlon

Photographies Claude Herlédan

Une partie des réalisations culinaires pour les photographies a été réalisée avec la collaboration des élèves de la mention complémentaire « Traiteur » du lycée privé Le Paraclet de Quimper, sous la direction de M. Begel, professeur, et de M. Sergeaut, chef de travaux.

Éditions
OUEST-FRANCE

introduction

Les premiers habitants des côtes bretonnes avaient été baptisés « mangeurs de coquillages ». En ce temps-là, le froid et les marais rendaient les terres inaccessibles et la nourriture se composait essentiellement de produits de la mer. Peu à peu le climat se fit plus clément ; gibiers, racines et baies sauvages se mêlèrent alors à l'alimentation. La Bretagne, aujourd'hui, a fertilisé ses terres, légumes et fruits y poussent à foison. La lande a cédé le pas à des prés verts et gras où paissent des vaches dont le lait donne un beurre d'une qualité inégalable et que l'on parfume de grains de sel. Ainsi, terre et mer restent, par-delà les temps, intimement liées. Voici donc quelques recettes d'un pays où l'on retrouve les saveurs premières d'une cuisine sans fard.

Plateau de fruits de mer

Par personne

4 huîtres plates ou creuses,
3 praires,
6 palourdes,
1 petite poignée de bigorneaux,
3 langoustines,
1/2 crabe ou araignée,
mayonnaise,
vinaigre à l'échalote,
citron,
beurre demi-sel,
pain de seigle

Préparation

Réserver huîtres, palourdes et praires dans le bas du réfrigérateur ou dans un endroit frais, recouverts d'un linge humide.

Les bigorneaux

Les rincer abondamment sous l'eau courante. Les mettre dans une casserole, les recouvrir d'eau froide additionnée d'une grosse cuillerée à soupe de gros sel de mer par litre. Porter sur feu moyen, amener à ébullition. Retirer du feu, laisser reposer 2 min. Les égoutter.

Les langoustines

Les plonger vivantes dans une grande quantité d'eau bouillante salée et vinaigrée (1 cuillerée à café de vinaigre pour 2 litres d'eau). Les remuer et attendre le retour de l'ébullition. Si elles sont petites, les égoutter aussitôt. Si elles sont grosses, les laisser reposer 2 min avant de les égoutter.

Les servir tièdes. On peut les replonger quelques secondes dans de l'eau bouillante juste avant de composer le plateau.

Règle d'or : ne jamais faire cuire plus d'un kilo de langoustines à la fois. Le retour à l'ébullition étant bien trop long, elles risquent d'être molles.

Les crabes ou araignées

Après les avoir lavés sous l'eau courante et brossés si nécessaire, les plonger vivants dans une grande quantité d'eau bouillante très salée (si possible de l'eau de mer) et vinaigrée à raison d'une cuillerée à soupe de vinaigre pour 2 litres d'eau. Amener à ébullition et laisser bouillir 15 min pour les moyens, 25 min pour les gros. Les égoutter, penchés en avant, afin que l'eau qui a pénétré dans la carapace puisse s'évacuer.

Pour les servir : lorsqu'ils sont tièdes, sectionner les pinces et les pattes à la main au ras de la carapace. Briser les grosses pinces avec un maillet en bois ou un marteau, ne pas les décortiquer. Extraire le corps de la carapace en introduisant une forte lame de couteau à l'endroit de la tête et en faisant levier. Jeter les ouïes accrochées de chaque côté du corps. Couper le corps en quatre. Servir tièdes.

Huîtres, praires, palourdes : les ouvrir juste avant de servir.

Pour servir : disposer un lit d'algues sur un grand plat et y coucher coquillages et crustacés. Accompagner de mayonnaise, vinaigre à l'échalote et citron.

Plateau de fruits de mer

Saint-Jacques à la **mode** de « Palais »

Pour 4 personnes
préparation : 20 min
cuisson : 15 min

3 à 4 grosses coquilles Saint-Jacques avec corail par personne,
1/2 cuillerée à café d'ail rose finement écrasé,
2 échalotes moyennes finement hachées,
4 grosses cuillerées à soupe de crème fraîche,
125 g de beurre demi-sel,
sel, poivre

Ouvrir les coquilles Saint-Jacques à cru. Retirer les noix, les laver à grande eau. Les débarrasser de leur barbe et boyau noir.

Séparer les noix du corail, escaloper celles-ci, réunir le tout dans une passoire.

Réserver 4 à 8 coquilles creuses.

Faire fondre une noix (50 g) de beurre dans une grande poêle. Y blondir 2 à 3 min les échalotes sur feu doux sans les colorer.

Ajouter les coquilles Saint-Jacques et l'ail, faire cuire doucement 2 min en remuant (elles doivent rester translucides). Saler, poivrer puis les retirer de la poêle avec une écumoire, les réserver.

Ajouter la crème fraîche dans le jus de la poêle. Faire réduire sur feu vif à consistance onctueuse (environ 6 min). Ajouter une noix de beurre et les Saint-Jacques, retirer du feu.

Remplir les coquilles creuses avec les Saint-Jacques à la crème et poser sur chacune un petit flocon de beurre. Faire légèrement gratiner 15 min dans le four préchauffé sur Th 6 ou 200°.

Moules à la riecoise

6 personnes
préparation et cuisson : 20 min

2,5 kg de moules lavées et grattées,
2 grands verres (40 cl) de muscadet,
6 échalotes hachées,
3 gousses d'ail hachées,
1 pomme fondante (reinette, clochard) pelée et coupée en petits dés,
6 cuillerées à soupe de persil haché,
3 cuillerées à soupe de chapelure,
100 g de beurre demi-sel,
poivre

Dans une grande marmite, faire blondir les échalotes, l'ail et la pomme avec le beurre 3 à 4 min en remuant sur feu moyen.

Ajouter le persil et la chapelure, remuer pour bien mélanger le tout, puis mouiller avec le vin blanc.

Faire réduire cette sauce 5 min sur feu vif (de moitié).

Y jeter les moules, poivrer, couvrir et secouer la marmite pour mélanger les moules.

Laisser cuire, en remuant de temps en temps jusqu'à ce que les moules soient toutes ouvertes.

Les verser dans une grande jatte et servir.

Moules à la riecoise

Palourdes farcies

Pour 4 personnes
préparation : 35 min
cuisson : 10 min
sous le gril

1 kg de palourdes,
150 g de beurre demi-sel,
2 échalotes,
2 gousses d'ail,
1 petit oignon : le tout haché,
1 bonne pincée de curry,
6 cuillerées à soupe d'un mélange de persil et de ciboulette hachés,
3 biscottes ou
1 grosse tranche de pain,
sel, poivre,
chapelure

Faire cuire les palourdes au naturel dans une marmite couverte sur feu vif en les secouant fréquemment.

Les retirer du feu dès qu'elles s'ouvrent, les décoquiller en leur conservant une coquille, les ranger dans un plat à four les unes à côté des autres. Réserver 1 verre (15 cl) de jus de cuisson.

Préparer la farce : tremper biscottes ou pain dans le jus de cuisson des palourdes, mélanger en bouillie. Chauffer le beurre dans une casserole sur feu moyen avec le hachis échalotes-ail-oignon en remuant 3 min.

Ajouter persil et ciboulette hachés, curry, poivre et le mélange biscottes et jus de cuisson.

Laisser mijoter 5 à 8 min. Goûter et saler si nécessaire. Verser une cuillerée de cette farce sur chaque palourde. Saupoudrer légèrement de chapelure et faire griller 10 min sous le gril du four (ou 20 min dans le four préchauffé sur Th 7 ou 210°.

Procéder de même pour les amandes, les vernis ou les moules.

Palourdes farcies

Le gratin de fruits de mer d'Angèle

Pour 4 personnes
préparation : 35 min
cuisson : 20 min

1 kg de moules de bouchot lavées et grattées,
8 noix de coquilles Saint-Jacques avec corail,
12 crevettes roses cuites (des grosses) épluchées,
1 petit bocal de beurre de homard,
1 grosse échalote finement hachée,
1/2 verre de vinaigre,
100 g de beurre demi-sel,
1 cuillerée à café de concentré de tomate (ou de ketchup),
1/2 cuillerée à café de curry,
4 cuillerées à soupe d'eau de vie de cidre,
4 cuillerées à soupe de crème fraîche épaisse,
1 cuillerée à soupe rase de farine,
3 cuillerées à soupe de chapelure, sel, poivre

Faire ouvrir les moules dans une casserole ouverte sur feu vif en les secouant fréquemment. Lorsqu'elles se détachent facilement des coquilles, les décoller, les verser dans une jatte (réserver un bol de jus).

Ajouter le reste des fruits de mer. Faire cuire les échalotes avec le vinaigre dans une casserole jusqu'à réduction à une cuillerée à soupe en surveillant.

Ajouter la farine délayée dans un peu de jus des moules. Puis le concentré de tomate, le curry et l'eau de vie (ou de cognac).

Faire cuire 2 min en remuant. Retirer du feu, incorporer la crème fraîche et le beurre par petits morceaux. Saler, poivrer. Terminer par le beurre de homard.

Beurrer un plat à gratin, y verser les coquillages mélangés. Recouvrir de la sauce.

Saupoudrer de chapelure et faire gratiner 20 min dans le four préchauffé sur Th 6 ou 200°.

Homard à l'armoricaine

Pour 4 personnes
préparation : 45 min
cuisson : 20 min

2 homards (de 750 à 800 g) vivants,
2 échalotes hachées,
1 grosse gousse d'ail écrasée,
3 tomates pelées et épépinées (ou 1/2 boîte de tomates pelées),
1 petit bouquet garni (thym, laurier, persil),
1 branche d'estragon,
1 pincée d'algues rouges séchées (en sachet) « porphyra »,
1 morceau de cèpe séché (en sachet),
1/2 bouteille (35 cl) de muscadet sur lie,
2 cuillerées à soupe de cognac,
1/2 cuillerée à café de curry,
1/3 de cuillerée à café de piment de Cayenne,
1/2 cuillerée à café de sucre,
1/2 verre (10 cl) d'huile d'olive,
sel, poivre

Couper les homards

Allonger la bête sur le plan de travail et la maintenir de la main gauche, les pinces tournées vers la droite. Avec un couteau à lame courte et solide, fendre le coffre en son milieu de gauche à droite. Puis fendre la queue en plaçant la bête dans le sens opposé. Retirer l'intestin qui apparaît sous forme de boyau gris dans les chairs rosées de la queue. Le jeter, ainsi que la poche à graviers qui se trouve dans le coffre.

Par contre, réserver dans un bol la matière crémeuse verdâtre et le liquide que contient le coffre. Couper les pattes au ras du coffre et briser les grosses pinces avec le manche du couteau. Tronçonner les demi-queues en deux en suivant les jointures des anneaux.

Préparer les homards

Dès le découpage terminé

Verser l'huile d'olive dans une sauteuse, la faire chauffer sur feu vif et lorsqu'elle est presque fumante, y jeter les morceaux de homard. Remuer à la spatule pour bien saisir les chairs et rougir la carapace.

Arroser de cognac, faire flamber.

Réduire le feu à moyen, ajouter les échalotes et l'ail, remuer quelques secondes ; puis ajouter les tomates coupées en morceaux, le cèpe séché émietté, la pincée d'algues « porphyra », le sucre, le bouquet garni, l'estragon, le curry, le piment de Cayenne, sel et poivre.

Laisser mijoter 5 min en remuant pour que le homard s'imprègne de ces épices. Ensuite mouiller avec le vin blanc, couvrir et laisser cuire 20 min.

Au bout de ce temps, retirer les morceaux de homard de la sauteuse et les réserver dans une jatte, couverts d'aluminium ménager afin d'éviter qu'ils ne se dessèchent.

Verser dans la sauteuse les parties crémeuses et le liquide recueillis dans les coffres.

Faire réduire la sauce 5 min sur feu vif, puis retirer le bouquet garni et l'estragon. Passer la sauce au mixeur.

La remettre à chauffer, en ajoutant les morceaux de homard, 10 min sur feu doux.

Pour servir

Disposer les morceaux de homard dans un plat creux et les recouvrir de sauce. Accompagner de riz créole. Ne pas oublier les rince-doigts.

Ce homard à l'armoricaine peut se préparer plusieurs heures à l'avance et se réchauffer au dernier moment.

Il peut même se congeler.

Homard à la crème de Mélanie

Pour 4 personnes
préparation : 30 min
cuisson : 30 min

2 homards de 800 g,
3 cuillerées à soupe d'huile d'olive,
100 g de beurre,
6 échalotes moyennes (80 g) hachées,
4 grosses cuillerées à soupe de crème fraîche épaisse (200 g),
1 grand verre (20 cl) de muscadet,
2 à 3 cuillerées à soupe de bon cognac,
1 cuillerée à soupe de fond de veau déshydraté,
1 cuillerée à soupe bombée de Maïzena,
1 cuillerée à soupe de beurre,
sel, poivre, cayenne

Couper les homards vivants en commençant par planter un couteau à lame épaisse à la base de la tête, ce qui tuera immédiatement la bête sans la faire souffrir. Ensuite tronçonner le corps en quatre morceaux, retirer les pattes et les pincer et les briser avec le manche du couteau.
Couper la tête (ou coffre) en deux, en extraire la matière crémeuse et verdâtre (corail) ainsi que le liquide transparent, réserver dans un bol. Par contre, jeter la poche à gravier qui se trouve également dans le coffre.
Faire fondre doucement les échalotes hachées dans une petite casserole avec les 100 g de beurre sur feu très doux (10 min).
Chauffer l'huile d'olive dans une sauteuse sur feu vif et lorsqu'elle est brûlante y jeter les morceaux de homard. Les saisir en remuant jusqu'à ce que les carapaces soient bien rouges.
Arroser alors de cognac et flamber. Saupoudrer de cayenne, sel, poivre. Puis ajouter les échalotes, le vin, le fond de veau, remuer, amener à ébullition.
Réduire le feu, couvrir et laisser cuire 30 min en remuant de temps en temps. Retirer les morceaux de homard de la sauteuse avec une écumoire, les déposer sur un plat de service, les maintenir au chaud à feu doux.
Filtrer le jus de la sauteuse, le remettre à cuire et le faire légèrement réduire. Puis lier cette sauce avec la cuillerée de beurre malaxée avec la Maïzena et le corail réservé dans le bol.
Remuer sans faire bouillir mais jusqu'à onctuosité épaisse.
Ajouter la crème, rectifier l'assaisonnement.
Verser la sauce sur les homards et servir de suite avec du riz.

Homard à l'armoricaine

Bar en croûte marine.

Bar en croûte marine

Pour 6 personnes
préparation : 5 min
cuisson : 40 min

*1 bar de **1,5 kg** environ vidé mais non écaillé,*
***1,5 kg** de gros sel gris de mer,*
***3** cuillerées à soupe de « grain de mer » ou court-bouillon aux algues, poivre du moulin,*
***1** grosse poignée d'algues fraîches (facultatif)*

Préchauffer le four sur Th 8 ou 250°.

Laver soigneusement l'intérieur du poisson pour le débarrasser de toute trace de sang, puis le poivrer.

Poser une grande feuille d'aluminium ménager sur la lèchefrite du four.

Mélanger le gros sel gris avec le « grain de mer » et en étaler un tiers sur l'aluminium ménager. Poser le poisson sur ce lit et le recouvrir du reste de sel en le pressant avec les mains autour du poisson.

Faire cuire 40 min dans le four.

Pour servir

Garnir un grand plat avec les algues et y glisser le bar en croûte. Le présenter, puis casser la croûte de sel et la retirer en même temps que peau et écailles.

Partager le poisson en filets, les poser sur un plat chaud et servir avec un beurre blanc et des pommes de terre à l'anglaise.

Cotriade du Belon

Pour 8 personnes
préparation : 1 h
cuisson : 25 min

600 g de congre coupé en tranches épaisses,
1 aiguillette,
1 vieille,
1 daurade de 1 kg,
3 grondins,
4 maquereaux moyens,
4 merlans de ligne,
3 gros tacauds,
4 oignons émincés,
1,5 kg de pommes de terre épluchées et coupées en quatre,
1 bouquet garni (thym, laurier, persil),
100 g de graisse salée (ou de beurre demi-sel),
sel, poivre

Nettoyer les poissons, les ébarber, couper la tête (ne pas les jeter). Réserver les poissons séparément par espèce.

Préparer le bouillon

Mettre les têtes et le bouquet garni dans une casserole. Ajouter 3 litres d'eau et faire bouillir 30 min.

Filtrer le bouillon et le réserver.

Préparer la cotriade

Chauffer la graisse salée (ou le beurre) dans une grande marmite sur feu moyen. Y blondir 3 min les oignons émincés, puis ajouter les pommes de terre et faire dorer le tout en remuant constamment (attention, ne pas laisser brûler les oignons, ce qui donnerait de l'amertume).

Mouiller avec le bouillon, ajouter le congre, saler. Ajouter 1 cuillerée à café de poivre.

Amener à ébullition sur feu vif, puis réduire le feu et laisser bouillir 15 min.

Au bout de ce temps, ajouter les poissons fermes, c'est-à-dire aiguillette, maquereaux, vieille et daurade. Faire frissonner 5 min à découvert.

Terminer par les poissons fragiles (merlans, tacauds, grondins).

Laisser encore frissonner 5 min.

Puis couvrir, retirer du feu et laisser reposer 5 min pour terminer la cuisson des poissons.

Pour servir

Sortir délicatement les poissons avec une écumoire, les disposer sur un ou deux plats et les entourer des pommes de terre.

Réserver le bouillon sur feu doux, il sera servi en dernier (après les poissons).

Accompagner la cotriade d'une bonne vinaigrette aux herbes (persil, cerfeuil, ciboulette, voire même estragon).

Ensuite, servir le bouillon, dans des écuelles à soupe, sur du pain rassis.

Beurre blanc nantais

Pour 6 personnes
préparation : 20 min

5 à 6 échalotes grises,
30 cl de bon muscadet sur lie,
300 g de beurre demi-sel,
1 grosse cuillerée à soupe de crème fraîche épaisse,
sel, poivre blanc

Couper le beurre en morceaux sur une assiette et réserver à température ambiante (plutôt tiède).

Peler et hacher très finement les échalotes. Les mettre dans une casserole avec le vin blanc et faire réduire à environ 2 cuillerées sur feu doux.

Retirer du feu, ajouter petit à petit le beurre en travaillant au fouet jusqu'à obtention d'une pommade lisse.

Saler, poivrer, ajouter la crème fraîche et verser dans une saucière légèrement chauffée.

Si cette sauce doit attendre, on peut la maintenir tiède dans un bain-marie à peine tiède, en la fouettant de temps en temps.

Potée du Forban

Pour 6 personnes
préparation : 1 h 30
cuisson : 15 min
+ 5 min pour réchauffer

2 grondins,
1 aiguillette,
6 tranches de merlu (ou colin),
1 petite vieille,
3 merlans de ligne,
1 kg de moules de bouchot grattées et lavées,
1 araignée de 1 kg environ,
1,2 kg de pommes de terre,
1 poireau épluché et lavé,
1 carotte pelée et lavée,
1 petite branche de céleri,
2 oignons pelés,
1 gousse d'ail,
1 bouquet garni (thym, laurier, persil),
1/2 bouteille de muscadet,
1 dose de safran,
1 cuillerée à soupe de coriandre en grains,
100 g de beurre demi-sel, sel, poivre

Pour la mayonnaise
1 jaune d'œuf,
1 cuillerée à café de moutarde,
1 verre (20 cl) d'huile,
1 cuillerée à café de vinaigre,
1 grosse gousse d'ail écrasée,
sel, poivre

Parer les poissons : les écailler, les vider, couper les têtes et les nageoires, tronçonner les poissons en portion. Réserver les têtes.

Faire cuire les moules dans une marmite couverte, sur feu vif en les secouant fréquemment. Dès qu'elles sont ouvertes et qu'elles se détachent facilement de leurs coquilles, les retirer du feu et les décoquiller. Filtrer le jus et le réserver.

Préparer un court-bouillon

Verser le muscadet dans la marmite. Ajouter trois quarts de litre d'eau, le jus des moules, les têtes de poissons, poireau, carotte, céleri, bouquet garni, la gousse d'ail non épluchée, les grains de coriandre, sel et poivre (attention, le jus des moules est salé).

Amener à ébullition sur feu vif. Laver et brosser l'araignée, puis la plonger dans le court-bouillon. Laisser cuire 15 min. Retirer l'araignée, filtrer le court-bouillon, le réserver.

Préparer la potée

Hacher les oignons. Eplucher les pommes de terre et les couper en rondelles épaisses.

Chauffer 100 g de beurre demi-sel dans la marmite et y blondir les oignons 2 min. Ajouter les pommes de terre et dorer le tout 5 min en remuant.

Ajouter le safran et mouiller avec le court-bouillon. Amener à ébullition sur feu vif puis réduire le feu et laisser cuire 15 min. Au bout de ce temps, poser les poissons sur les pommes de terre.

Laisser revenir à frémissement, retirer du feu et couvrir.

Extraire la chair du corps et des pinces de l'araignée. **Réserver** d'une part les chairs blanches, d'autre part le foie et les chairs jaunes et crémeuses.

Faire une mayonnaise avec le jaune d'œuf, la moutarde, sel, poivre et huile. Ajouter à la fin le vinaigre, l'ail écrasé, le foie et les chairs crémeuses de l'araignée.

Pour servir

Réchauffer la potée en la laissant frémir 3 min. Ajouter les chairs blanches de l'araignée ainsi que les moules.

Servir dans la marmite.

Prévoir des assiettes creuses. Accompagner de la mayonnaise en saucière.

Il est évidemment indispensable que la maîtresse de maison serve chaque invité en posant dans l'assiette des morceaux de poisson, des pommes de terre et une louche de court-bouillon.

Potée du Forban

Filets de soles *« Marie Cigogne »*

Pour 6 personnes
préparation : 20 min
cuisson : 20 min
+ 15 min

6 gros filets de sole,
1 orange,
1 verre moyen (15 cl) de vin blanc sec,
3 cuillerées à soupe de porto,
1 brin de thym + 1 feuille de laurier,
1 cuillerée à café de coriandre en grains,
1 petit bocal de beurre de homard,
1 pincée de curry,
2 cuillerées à soupe de crème fraîche épaisse,
sel, poivre,
6 petits champignons très frais et bien blancs,
2 carottes + 1 petit concombre (le tout râpé),
1 oignon + 1 blanc de poireau (le tout émincé),
2 cuillerées à soupe de cerfeuil haché

Râper 1 cuillerée à café du zeste de l'orange puis presser le jus. Mélanger jus et zeste dans une casserole avec le vin, le porto, thym, laurier et coriandre, faire réduire de moitié sur feu doux.

Filtrer et incorporer le beurre de homard, le curry et la crème fraîche. Saler, poivrer, verser dans un plat à four, ajouter les légumes râpés ou émincés et les champignons coupés en lamelles.

Faire cuire 20 min dans le four préchauffé sur Th 6 ou 200°. Ensuite réduire la température à Th 5 ou 170° et enfouir les filets de sole pliés en deux dans le plat de légumes. Cuire encore 15 à 18 min.

Saupoudrer de cerfeuil au sortir du four.

Servir avec des pâtes fraîches.

Poulet au **cidre** de Fouesnant

Pour 4 personnes
préparation : 15 min
cuisson : 45 min

*1 beau poulet fermier de **1,2 kg**,*
*2 verres moyens (**30 cl**) de cidre fermier,*
4 cuillerées à soupe d'eau-de-vie de cidre,
6 échalotes émincées,
4 cuillerées à soupe de crème fraîche épaisse,
2 pommes (reinettes ou canada),
***100 g** de beurre demi-sel,*
sel, poivre

Dans une grande cocotte, faire dorer le poulet avec la moitié du beurre sur feu moyen. Ajouter les échalotes et dorer encore 3 à 4 min le tout.

Arroser d'eau-de-vie et de cidre, saler, poivrer, couvrir, réduire le feu à doux. Laisser mijoter 20 min.

Ajouter les pommes pelées et coupées en quatre, ainsi que le reste de beurre. Laisser cuire 5 min à découvert sur feu vif pour réduire la sauce.

Ajouter la crème fraîche, couvrir et cuire encore 20 min à feu doux.

Accompagner d'une purée de pommes de terre.

Tripes à la **mode** de Vannes

Pour 8 personnes
préparation : 30 min
cuisson : 5 h au minimum

*1 **kg** de feuillet coupé en lanières,*
*1 **kg** de caillette coupée en lanières,*
1 pied de veau coupé en quatre (par le boucher),
4 oignons émincés,
2 gousses d'ail hachées,
3 blancs de poireaux émincés,
4 carottes coupées en rondelles fines,
1 bouquet garni (thym, laurier, persil, céleri),
1 cuillerée à soupe de concentré de tomates,
1 cuillerée à soupe bombée de moutarde,
1 tablette de bouillon de bœuf,
1 bouteille de cidre bouché sec,
*1 petit verre (**5 cl**) d'eau-de-vie de cidre,*
***50 g** de beurre demi-sel,*
sel, poivre

Faire chauffer le beurre dans une grande cocotte sur feu moyen et y dorer les oignons et l'ail.

Poser les morceaux de pied de veau sur les oignons. Ajouter les légumes, puis les tripes et le bouquet garni.

Mouiller avec le cidre et l'eau-de-vie de cidre. Saler, poivrer.

Faire fondre, sur le feu, la tablette de bouillon avec un verre (20 cl) d'eau.

Ajouter le concentré de tomates et la moutarde.

Mélanger et verser sur les tripes.

Couvrir et amener à ébullition sur feu vif.

Ensuite glisser la cocotte dans le four préchauffé Th 5 ou 170° et laisser cuire 5 h au minimum.

Servir les tripes dans la cocotte.

Accompagner de pommes de terre à l'eau.

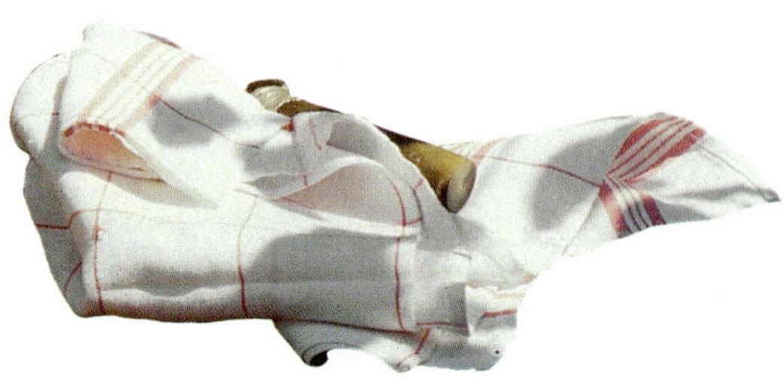

Poulet au cidre de Fouesnant.

Canettes « Dames de nage »

Pour 6 personnes
préparation : 30 min
cuisson : 55 min

2 petites canettes de Barbarie, les foies et les gésiers des canettes,
1 kg de langoustines cuites et décortiquées (réserver 6 grosses têtes pour la décoration du plat),
2 cuillerées à soupe de baies de genièvre,
1 petit bocal de beurre de crevette,
1/2 verre (10 cl) de gin,
3 grosses cuillerées à soupe de crème fraîche épaisse,
1 citron,
1 cuillerée à soupe bombée de paprika doux,
1 cuillerée à café de poivre rose,
1 pointe de couteau de curry,
1 cuillerée à café de sucre,
80 g de beurre demi-sel,
sel, huile

Croiser les pattes des têtes de langoustines réservées, les poser sur une tôle, les badigeonner d'huile et les faire légèrement dorer sous le gril du four.

Les réserver pour la décoration finale du plat.

Mixer, en crème, les foies et les gésiers des canettes avec les baies de genièvre, le gin, le poivre rose et une cuillerée à café de sel.

Couler cette crème à l'intérieur des canettes en la répartissant bien partout. Frotter la peau des canettes avec le citron coupé en deux. Laisser sécher.

Presser le jus qui reste dans le citron et le mélanger avec le beurre de crevette, le paprika, le curry, le sucre et un peu de sel.

Installer les canettes dans un grand plat à four (en terre de préférence). Les enduire du mélange au beurre de crevette, poser un morceau (40 g) de beurre sur chacune.

Faire cuire 40 min dans le four préchauffé à 200° ou Th 6 en arrosant de temps en temps.

Au bout de ce temps, piquer une canette avec la pointe d'un couteau de cuisine. Le jus doit en sortir clair, à peine rosé.

Ajouter alors la crème fraîche et les queues de langoustines décortiquées. Remuer le fond du plat avec une spatule (si la sauce est trop courte, ajouter un peu d'eau). Arroser à nouveau les canettes et laisser finir de cuire encore 15 min en laissant la température du four à 160° ou Th 4.

Pour servir

Découper les canettes sur un plat de service. Les arroser de sauce aux langoustines. Décorer le tour du plat avec les têtes aux pattes croisées. Accompagner d'une purée de carottes ou de riz créole.

La rouelle de veau des Johnnies

Pour 6 personnes
préparation : 15 min
cuisson : 1 h

1,4 kg de rouelle de veau (avec l'os au centre), la graisse de 1 rognon de veau,

Installer la rouelle de veau dans un grand plat à four en terre de préférence. La saupoudrer de sel, poivre et d'une bonne pincée de noix muscade.

Poser dessus la graisse de rognon et arroser d'huile.

Mettre à cuire dans le four préchauffé sur 240° en plaçant la grille assez haut pour que le rôti soit bien doré. Laisser dorer 20 min, puis le retourner, descendre la grille au milieu du four, abaisser la température à 210°. Verser les échalotes autour de la viande, les saupoudrer de sucre, sel, poivre.

Canettes « Dames de nage »

4 cuillerées à soupe d'huile,
***1 kg à 1,2 kg** d'échalotes épluchées (fraîches ou surgelées),*

1 cuillerée à soupe rase de sucre,
1 pincée de noix muscade râpée,
sel, poivre

Poursuivre la cuisson encore 40 min en remuant de temps en temps les échalotes et en arrosant la viande avec le jus du plat. Ne pas mettre d'eau, les échalotes doivent se confire dans leur jus.

Accompagner d'une purée de pommes de terre.

Gibelotte de **lapin** sauvage

Pour 4 personnes
préparation : 20 min
cuisson : 45 min

1 lapin de garenne de 1,500 kg environ, coupé en morceaux,
200 g de lardons de poitrine fumée,
20 petites échalotes pelées,
250 g de champignons de forêt (cèpes, girolles, trompettes-des-morts, etc.),
1 cuillerée à soupe de farine,
1 verre (20 cl) de bon muscadet,
1 gousse d'ail écrasée,
1 petite cuillerée à café de sarriette,
1 feuille de laurier,
1 brin de thym,
1 noix (50 g) de beurre,
2 cuillerées à soupe d'huile,
sel, poivre

Blanchir les lardons 5 min à l'eau bouillante. Les égoutter.

Faire chauffer le beurre et l'huile dans une cocotte sur feu moyen et y frire les lardons jusqu'à ce qu'ils deviennent transparents. Ajouter alors les échalotes et dorer le tout en remuant de temps en temps. Puis retirer échalotes et lardons en laissant la graisse dans la cocotte.

Dorer les morceaux de lapin dans cette graisse en les tournant de tous côtés. Lorsqu'ils sont bien dorés, les saupoudrer de farine et remuer encore 1 à 2 min avant de mouiller avec le vin blanc et 1/2 verre d'eau. Racler le fond de la cocotte avec une spatule de bois pour récupérer les sucs. Ajouter l'ail écrasé, la sarriette, thym, laurier, sel et poivre. Amener à ébullition, puis couvrir et laisser mijoter 15 min sur feu doux.

Nettoyer les champignons, les couper en deux ou en quatre, les ajouter dans la cocotte ainsi que les lardons et les échalotes. Remuer et laisser encore mijoter 30 min.

Servir avec des pommes sautées ou une purée.

Ce lapin peut se préparer la veille et se réchauffer le lendemain.

Gibelotte de lapin sauvage

Rôti de porc à la bretonne

Rôti de **porc** *à la bretonne*

Pour 4 personnes
préparation : 20 min
cuisson : 1 h 15

1 kg de porc dans l'échine ou la palette avec os,
3 cuillerées à soupe de moutarde,
3 cuillerées à soupe d'huile,
6 grosses gousses d'ail,
1 kg de pommes de terre,
150 g de beurre demi-sel,
sel, poivre

Préchauffer le four à 240° ou Th 8. Eplucher 1 gousse d'ail et l'user sur les os du rôti.

Enduire tout le rôti de moutarde. Le poser dans un grand plat à four en terre. Saler, poivrer, l'arroser d'huile et l'entourer des gousses d'ail non épluchées.

Poser dessus le beurre en petit morceaux et mettre 15 min au four. Eplucher les pommes de terre, les laisser entières si elles sont petites.

Les essuyer dans un torchon et les répartir autour du rôti.

Baisser le four à 200° ou Th 6 et laisser cuire 1 h en arrosant de temps en temps avec le jus du plat.

Retourner le rôti une fois en cours de cuisson.

Kig ha farz Gwiniz du

Kig ha farz Gwiniz du

Pour 8 personnes
préparation : 1 h
cuisson : 2 h 30

500 g de lard demi-sel,
1 jarret de porc demi-sel,
1 kg de paleron de bœuf,
4 saucisses fumées,
4 poireaux liés en botte,
1 chou vert,
8 petites carottes épluchées,
4 navets épluchés,
1 oignon piqué de 2 clous de girofle,
3 gousses d'ail non épluchées,
1 bouquet garni (thym, laurier, persil, céleri),
gros sel, poivre

Pour le farz Gwiniz du
500 g de farine de blé noir,
4 œufs,
1/2 cuillerée à soupe de gros sel,
20 cl de crème fraîche,
1 l de lait,
100 g de beurre fondu,
1 poignée de raisins secs,
1 sac de toile ou un torchon cousu, de la ficelle de boucherie

Préparer la potée

Faire dessaler les viandes demi-sel, pendant 3 h, dans une grande bassine d'eau froide.

Mettre le paleron, l'oignon, l'ail et le bouquet garni dans une grande marmite d'eau froide (4 litres). Porter à ébullition sur feu vif. Puis écumer et réduire le feu.

Ajouter quelques bonnes pincées de poivre et 1 cuillerée à soupe de gros sel.

Laisser cuire 30 min. Ajouter les viandes demi-sel et les légumes. Amener de nouveau à ébullition sur feu vif.

Réduire le feu à doux et laisser frémir 30 min. Ajouter les saucisses fumées.

Pendant ce temps, préparer le farz

Battre légèrement les œufs dans un bol avec la crème fraîche et le gros sel.

Placer la farine de blé noir dans une grande jatte, creuser un puits au centre et y verser le contenu du bol. Puis, tout en tournant avec une cuillère de bois, ajouter lentement le lait, le beurre fondu et les raisins secs.

Laisser reposer 30 min à 1 h.

Ensuite introduire cette pâte dans le sac (attention, il ne doit pas être plein, car la pâte va gonfler à la cuisson).

Fermer l'ouverture du sac par une ficelle.

Poser une grande cuillère de bois (ou un bâton) en travers de la marmite et y attacher le sac de farz de manière à ce qu'il plonge dans le bouillon (ajouter un peu d'eau si nécessaire).

Laisser cuire 1 h 30.

Pour servir

Chauffer les écuelles à soupe.

Retirer le farz de son sac et le couper en grosses tranches sur un plat.

Couper les viandes et saucisses sur un autre plat et les arroser d'une louche de bouillon.

Présenter les légumes dans un plat creux.

Verser du bouillon dans une petite soupière.

Chacun se servira de viandes, de légumes, d'une tranche de farz et arrosera le tout d'une petite louche de bouillon.

Il est conseillé de mouiller le sac de toile avant d'y introduire la pâte, ce qui rendra le démoulage du farz plus facile.

Le faisan aux girolles

Pour 4 personnes
préparation : 20 min
cuisson : 1 h

1 faisan dodu et non lardé,
3 foies de volaille + le foie du faisan,
4 échalotes hachées,
1/2 gousse d'ail écrasée,
1 verre moyen (15 cl) de porto,
500 g de girolles nettoyées,
2 grosses cuillerées à soupe de crème fraîche,
80 g de beurre mou,
sel, poivre,
paprika,
huile

Hacher les foies de volaille et de faisan avec une petite poignée de girolles.

Ajouter 40 g (1 noix) de beurre mou, sel, poivre et une pincée de paprika. Farcir le faisan de ce mélange puis mélanger l'ail écrasé avec le reste de beurre, sel et poivre. Enduire entièrement la peau du faisan de ce beurre.

Chauffer 2 cuillerées à soupe d'huile dans une cocotte sur feu moyen. Y dorer doucement le faisan de tous côtés 5 à 6 min. Ajouter les échalotes.

Dorer le tout encore quelques minutes. Couvrir et laisser mijoter 30 min sur feu doux. Ajouter alors les girolles et arroser de porto. Couvrir à nouveau et poursuivre la cuisson encore 30 min.

Retirer le faisan de la cocotte. Le découper sur un plat, le maintenir au chaud. Dans la cocotte, ajouter la crème, une bonne pincée de paprika, sel et poivre.

Remuer 1 min sur le feu, puis verser autour du faisan.

La potée au lard *de Bretagne*

Pour 8 personnes
préparation : 15 min
cuisson : 1 h à 1 h 30

1 jarret de porc demi-sel de 1,5 kg environ,
1 kg de poitrine demi-sel,
500 g ou plus de poitrine fumée,
8 carottes moyennes épluchées,
8 blancs de poireaux liés en botte,
1 beau chou vert ou frisé coupé en quatre,
8 pommes de terre se tenant à la cuisson (épluchées),
1 petit bouquet garni (thym, laurier, persil, céleri),
sel, poivre en grains

Choisir les viandes demi-sel bien roses donc peu salées.

Les mettre 1 h dans une bassine d'eau froide en laissant couler un filet d'eau dessus.

Ensuite, mettre le jarret dans une grande marmite avec le bouquet garni et une cuillerée à café de poivre en grains. Le recouvrir de 3 à 4 litres d'eau et amener à ébullition sur feu vif.

Ajouter alors poitrine demi-sel et poitrine fumée ainsi que les carottes, réduire le feu à moyen et laisser cuire 30 min. Écumer, ajouter le reste des légumes et poursuivre la cuisson en comptant 30 à 40 min après la reprise de l'ébullition.

Les viandes doivent rester un peu fermes de façon à pouvoir les découper en tranches.

Découper les viandes, les présenter sur un plat, les entourer d'un peu de légumes.

Servir le reste des légumes dans un autre plat.

Accompagner de gros sel, de moutarde et de cornichons.

Escalopes de l'**Aven** au coulis de crevettes

Pour 6 personnes
préparation : 30 min
cuisson : 30 min

6 escalopes de veau très fines et grandes,
1 boîte de fonds d'artichauts (ou purée d'artichauts),
2 cuillerées à soupe de crème fraîche épaisse,
2 cuillerées à soupe de farine (40 g),
50 g de beurre,
50 g de parmesan râpé,
12 crevettes roses décortiquées,
sel, poivre, beurre
Pour les paner :
1 cuillerée à café de moutarde,
1 cuillerée à café d'huile,
2 jaunes d'œufs, environ
6 grosses cuillerées à soupe de chapelure
Pour le coulis de crevettes :
2 petits bocaux de beurre de crevettes,
2 cuillerées à soupe de purée d'artichauts,
1 cuillerée à café de concentré de tomate,
1/2 cuillerée à café de curry,
2 cuillerées à soupe de porto,
2 cuillerées à soupe de cognac,
3 grosses cuillerées à soupe de crème fraîche
Pour les garnir :
6 rondelles de citron,
6 cuillerées à café de persil haché

Égoutter les fonds d'artichauts et les mixer en purée. En réserver 2 cuillerées à soupe bombées pour le coulis de crevettes.

Mélanger le reste avec la crème fraîche et le parmesan.

Faire fondre le beurre dans une petite casserole sur feu doux, y jeter la farine et la faire cuire 2 à 3 min en remuant.

Ajouter la purée d'artichauts, sel, poivre et remuer jusqu'à consistance épaisse. Retirer du feu, laisser refroidir.

Étaler les escalopes sur la table, déposer 2 crevettes et 1 cuillerée de purée d'artichauts sur la moitié de chaque. Puis replier l'autre moitié sur la garniture de manière à former un chausson.

Fermer ces chaussons par des mini-brochettes en bois.

Dans une assiette creuse, mélanger à la fourchette : la moutarde avec les jaunes d'œufs, l'huile, sel et poivre.

Verser la chapelure dans une autre assiette. Tremper successivement les escalopes dans l'œuf puis dans la chapelure.

Les ranger en les faisant légèrement chevaucher dans un plat à four.

Les parsemer de petits flocons de beurre et les faire cuire 30 min dans le four sur Th 5 ou 170°.

Préparer le coulis de crevettes : mélanger tous les ingrédients dans une casserole et chauffer doucement en remuant.

Servir en saucière. Garnir les escalopes de citron et persil.

Saucisse au **chou**

Pour 4 personnes
préparation : 30 min
cuisson : 1 h

1 beau chou, vert ou frisé,
2 oignons émincés,
4 carottes coupées en rondelles,
8 saucisses,
1 cuillerée à soupe bombée de farine,
100 g de beurre demi-sel,
1 brin de thym,
1 feuille de laurier,
sel, poivre

Couper le chou en quatre, le laver et retirer un peu de trognon. Le blanchir 3 min dans une casserole d'eau bouillante salée et l'égoutter.

Chauffer la moitié du beurre dans une cocotte sur feu moyen et y dorer les saucisses de tous côtés. Les retirer et les réserver sur une assiette.

Jeter les oignons et les carottes dans la cocotte et les faire dorer 3 à 4 min. Saupoudrer de farine, ajouter le reste de beurre et remuer pour obtenir un petit roux clair.

Mouiller avec un verre d'eau, saler, poivrer. Ajouter le chou, thym et laurier, couvrir, réduire le feu à doux. Laisser mijoter 40 min. Puis remuer et poser les saucisses sur le chou.

Cuire encore 20 min.

Il faut vraiment laisser mijoter le chou à tout petit feu pour qu'il soit fondant et non en bouillie.

Gigot de Belle-Île-en-Mer

Pour 6 à 8 personnes
préparation : 15 min
cuisson : 45 min

*1 beau gigot de Belle-Île de **2,5** à **3 kg**,*
*1/2 verre moyen (**7,5 cl**) d'eau-de-vie de cidre,*
3 grosses gousses d'ail finement écrasées,
1 cuillerée à soupe de thym émietté,
70 g de beurre demi-sel mou,
4 cuillerées à soupe de chapelure,
sel, poivre, curry

Pour entourer le gigot
3 grosses têtes d'ail, si possible frais, non épluchées et laissées entières

Pour accompagner le gigot
*1,500 **kg** de haricots blancs (cocos bretons ou lingots de Paimpol) frais,*
1 gros oignon grossièrement haché,
2 gousses d'ail non épluchées,
1 brin de thym,
1 feuille de laurier,
1 tablette de bouillon de bœuf,
1 noix (50 g) de beurre demi-sel,
sel, poivre

Cuisson des haricots

Dans une casserole à fond épais, faire fondre l'oignon avec le beurre sur feu doux. Ajouter les haricots et les recouvrir d'eau Saler, poivrer, ajouter la tablette de bouillon, l'ail non épluchée, thym et laurier. Couvrir, amener à ébullition. Puis réduire le feu et laisser mijoter 45 min en remuant de temps en temps et en rajoutant un peu d'eau si nécessaire.

Cuisson du gigot

Préchauffer le four sur maximum.

Avec une pointe de couteau affûté, tracer sur la partie charnue du gigot une sorte de grille. Ensuite le poser dans un grand plat à four en terre et l'arroser d'eau-de-vie de cidre.

Laisser sécher 5 min. Malaxer le beurre mou avec l'ail écrasé, le thym, une bonne pincée de curry, la chapelure, sel et poivre. En enduire entièrement le gigot.

Envelopper chaque tête d'ail dans de l'aluminium ménager et les disposer dans le plat autour du gigot.

Enfourner, réduire la température à Th 6 ou 200° au bout de 10 min et cuire encore 35 min en arrosant de temps en temps.

Pour servir

Ecraser les têtes d'ail au moulin à légumes ou à la fourchette. Mélanger la purée d'ail ainsi obtenue à la sauce dégraissée, servir en saucière.

Accompagner le gigot de haricots et éventuellement d'une purée de pommes de terre.

Rillettes de grand-mère

Pour une terrine
(6 à 8 personnes)
préparation : 5 min
cuisson : 3 h 20

*1 **kg** d'échine de porc avec les os, pas trop maigre et coupée en morceaux,*
1 couenne de lard frais un peu grasse,
*1 verre (**20 cl**) de muscadet,*
*1,5 verre (**30 cl**) d'eau,*
1 cuillerée à soupe d'eau de vie de cidre ou de calvados,
1 petite branchette de thym,
1 feuille de laurier,
3 grosses gousses d'ail non épluchées,
sel, poivre

Dans une cocotte en fonte de préférence, mettre la couenne de lard dans le fond puis la viande, sel, poivre, poser dessus le thym, le laurier et l'ail non épluché.

Arroser avec le vin, l'eau et l'eau de vie de cidre.

Couvrir et faire cuire 3 h sur feu très doux.

Ensuite retirer le thym, le laurier, l'ail et les os.

Écraser la viande avec une fourchette dans la cocotte.

Remettre à cuire tout doucement encore 20 min en remuant de temps en temps.

Goûter, rectifier l'assaisonnement, verser dans une terrine, laisser refroidir puis mettre au réfrigérateur.

Se conserve 8 jours.

Gigot de Belle-Île-en-Mer

Galettes de **sarrasin**

Pour environ 20 galettes
préparation : 20 min
repos de la pâte : plusieurs heures, voire une nuit.

500 g de farine de sarrasin,
4 cuillerées à soupe de farine de froment (environ 70 g),
1 œuf,
1 cuillerée à café de sel,
1 pichet d'eau froide,
3 cuillerées à soupe d'huile,
1 tasse de lait

Pour la cuisson des galettes
1 tasse de beurre fondu en pommade (pour la poêle),
250 g de beurre demi-sel à proximité pour les beurrer,
1 galetoire en fonte ou une poêle antiadhésive à bords plats,
1 petit tampon de toile roulé et ficelé pour graisser la poêle,
1 tournette ou une spatule fine en bois
On peut aussi employer un rouable (ou raclette) pour étaler la pâte, mais je ne vous le conseille pas car cela demande déjà une certaine dextérité.

Préparer la pâte

Verser les farines dans une grande jatte. Creuser une fontaine au centre et y mettre l'œuf et le sel. Travailler la pâte avec une grande cuillère de bois en commençant par l'œuf et en incorporant petit à petit la farine. En même temps, verser lentement l'eau froide, toujours au centre.

Lorsque la pâte atteint la consistance d'une mayonnaise épaisse, la fouetter 10 min avec un fouet à main ou un batteur à vitesse réduite. Plus elle sera battue, plus elle sera légère et s'étendra facilement dans la poêle.

Puis ajouter à nouveau de l'eau en la travaillant avec une louche. La pâte doit devenir très lisse et couler de la louche comme une crème (attention, ne pas la noyer).

La couvrir d'un torchon et la laisser reposer plusieurs heures à une nuit dans un endroit frais.

Juste avant de l'employer, la remuer à nouveau à la louche en ajoutant l'huile et un peu de lait jusqu'à ce qu'elle retrouve une consistance fluide, mais bien nappante.

Cuire les galettes

Graisser la poêle avec le tampon de toile trempé dans le beurre fondu. La mettre sur le feu et lorsqu'elle est très chaude et que le beurre fume, y verser une petite louchée de pâte (plutôt trop que trop peu).

L'étaler en inclinant la poêle dans tous les sens et rejeter l'excédent dans la jatte de pâte en tenant la poêle presque à la verticale.

Faire cuire la galette 2 min ou jusqu'à ce que le centre ne soit plus liquide. Pour la retourner, saisir un bord de la galette entre le pouce et l'index, le poser à cheval sur la tournette et d'un mouvement rapide, la soulever et la retourner. Beurrer immédiatement l'autre face avec une noisette de beurre frais.

Laisser juste cuire 2 s, plier la galette en quatre et la servir de suite.

Si on désire les préparer à l'avance pour ensuite les garnir, ne pas beurrer la seconde face et étaler les galettes sur un torchon sec au fur et à mesure de leur fabrication.

Pour les réchauffer

Graisser et chauffer la poêle sur feu moyen. Y déposer la galette.

Laisser chauffer 1 min, la retourner, la beurrer ou la garnir.

Je ne donnerai pas ici les cent manières de garnir les galettes, mais seulement quelques-unes, qui m'ont paru importantes dans la façon de procéder.

Galette de sarrasin

GALETTE À L'ŒUF MIROIR

Chauffer une galette, la retourner, la beurrer, poser un jaune d'œuf au centre, saler, poivrer.
Rabattre aussitôt les bords vers le centre en laissant l'œuf apparent (on obtient un rectangle). La glisser sur une assiette et servir.

LA COMPLÈTE

Procéder de même mais en intercalant une fine tranche de jambon entre la galette et l'œuf et en saupoudrant le tout de gruyère râpé. Plier alors la galette en deux.

A LA SAUCISSE BRETONNE OU « ROBIQUETTE »

Verser 1/2 cm d'eau dans une poêle, ajouter les saucisses. Couvrir et faire cuire sur feu doux jusqu'à ce que toute l'eau se soit résorbée. Découvrir, augmenter le feu et faire dorer les saucisses. Les ouvrir en deux pour en garnir les galettes.
Accompagner les galettes de cidre, de lait ribot ou caillé.

Crêpes de froment

Matériel

1 terrine en grès ou 1 grande jatte,
1 cuillère en bois à long manche,
1 louche,
1 tournette ou spatule en bois,
2 galétoires ou 2 poêles à crêpes à revêtement antiadhésif et à bords plats,
1 petit tampon de toile ou du papier absorbant pour graisser la poêle

Pâte à crêpes de Basse-Bretagne
Pour environ 24 crêpes, préparation : 10 min, repos : 1 h

250 g de farine de froment,
3 cuillerées à soupe de farine de blé noir,
1 œuf,
120 g de sucre,
120 g de beurre demi-sel fondu,
1 grand verre (25 cl) de lait frais entier,
1 grand verre (25 cl) d'eau,
1 cuillerée à café de cannelle en poudre,
1 cuillerée à café d'eau de fleur d'oranger,
2 cuillerées à soupe d'eau-de-vie de cidre ou de calvados,
1 tasse (environ 150 g) de beurre mou pour graisser la poêle

Mélanger les farines dans la jatte. Creuser un puits au centre, y casser l'œuf. Ajouter le sucre. Commencer à tourner la pâte avec la cuillère de bois (au centre) en incorporant petit à petit l'eau, puis le lait.

Travailler légèrement ce mélange pour obtenir une pâte lisse.

Ajouter le beurre fondu et les parfums. Tourner encore un peu, laisser reposer 1 h.

Cuisson des crêpes

Graisser légèrement les 2 poêles à crêpes. Poser la première sur feu et la seconde sur feu doux.

Mélanger une dernière fois la pâte à la louche. Puis verser une petite louchée de pâte dans la première poêle sur feu vif lorsque celle-ci est brûlante. Incliner la poêle dans tous les sens pour que la pâte en recouvre bien tout le fond, puis en rejeter l'excédent dans la jatte.

Faire cuire sur feu vif jusqu'à ce que le centre de la crêpe ne soit plus liquide. Saisir alors un bord de la crêpe entre le pouce et l'index de la main gauche et le poser à cheval sur la tournette ou spatule. D'un mouvement rapide, la soulever et la retourner dans la seconde poêle. La laisser terminer sa cuisson le temps de regarnir (après l'avoir graissée) la première poêle.

La servir nature ou beurrée ou garnie.

Si vous désirez préparer les crêpes à l'avance, de 30 min à 1 h, vous pouvez les garder au chaud sur un plat posé sur une casserole d'eau frémissante et recouvertes d'aluminium ménager.

Si vous désirez les préparer plusieurs heures à l'avance en vue de les réchauffer, laisser-les refroidir, étalées sur un torchon. Puis empilées et enfermées d'aluminium ménager, vous les garderez dans un endroit frais pendant 24 h.

Pour les réchauffer

Graisser à nouveau la ou les poêles et réchauffer la crêpe 30 s de chaque côté.

Pour réchauffer des crêpes achetées sous vide, la pâte étant alors légèrement plus sèche, il sera préférable de les humidifier avec un pinceau trempé dans du lait froid juste avant de les mettre dans la poêle.

CRÊPES AU CIDRE DOUX

Procéder de la même manière que pour les crêpes de Basse-Bretagne mais remplacer l'eau et le lait par 50 cl de cidre doux (premier jus des pommes pressées pour le cidre).

Far aux pruneaux.

Far *aux* **pruneaux**

Pour 6 personnes
préparation : 10 min
cuisson : 40 min

250 g environ de pruneaux,
125 g de farine,
125 g de sucre,
2 sachets de sucre vanillé,
4 œufs,
3 cuillerées à soupe de rhum,
1/2 sachet de levure chimique,
3/4 de litre de lait entier,
1 pincée de sel,
beurre pour le moule

Préchauffer le four à 240° ou Th 8.

Verser la farine dans une jatte, y mélanger le sucre, le sucre vanillé, le sel et la levure chimique. Creuser un puits au centre, y placer les œufs. Puis tourner le mélange avec une cuillère de bois en commençant par le centre et en incorporant petit à petit la farine.

D'autre part, faire chauffer le lait avec le rhum et les pruneaux. Le verser lentement sur la pâte en tournant vivement le mélange et en laissant venir les pruneaux en dernier.

Verser le tout dans un moule à manqué beurré et enfourner.

Faire cuire 10 min à 240°, puis réduire le four à 200° ou Th 6, et cuire encore 30 min. Laisser tiédir avant de démouler.

Gâteau breton

Pour un moule de Ø 26 cm
préparation : 15 min
cuisson : 45 min

350 g de farine,
1 œuf et
5 jaunes d'œufs,
300 g de sucre,
1 sachet de sucre vanillé,
350 g de beurre demi-sel très mou,
1 cuillerée à soupe d'eau de fleur d'oranger

Pour dorer le gâteau
1 jaune d'œuf mélangé à 1 cuillerée à café de lait et 1/2 cuillerée à café de sucre.
Beurre pour le moule

Verser la farine dans une grande jatte. Y mélanger le sucre et le sucre vanillé. Creuser un puits au centre et y placer les œufs, le beurre mou et l'eau de fleur d'oranger.
Travailler cette pâte à la cuillère de bois juste pour mélanger les ingrédients et en faire une boule.
Beurrer largement un moule à manqué ou une tourtière.
Préchauffer le four sur Th 5 à 6 ou 180°. Installer la pâte dans le moule et l'aplatir.
Dorer avec le jaune d'œuf. Puis strier la surface de la pâte avec les dents d'une fourchette.
Faire cuire 45 à 50 min dans le four. Il doit être blond doré et très moelleux.
Laisser refroidir avant de démouler.

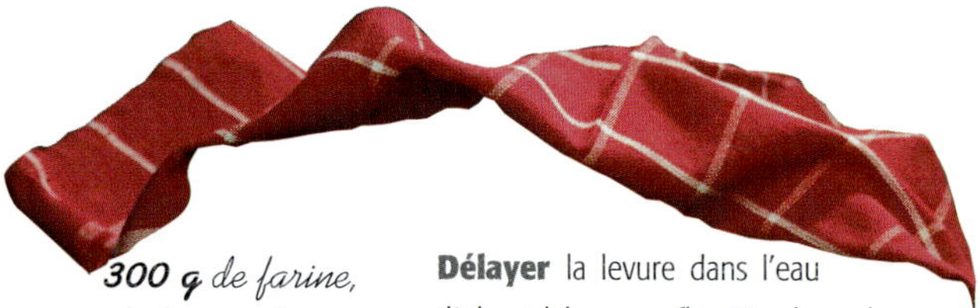

Kouign-Amann de Fanch

Pour 6 à 8 personnes
préparation : 15 min
poussée de la pâte : 1 h
cuisson : 20 min

300 g de farine,
15 g de levure de boulanger fraîche,
1 verre (18 cl) d'eau tiède
(1 cuillerée à soupe d'eau = 2 cl),
250 g de beurre demi-sel d'excellente qualité, ramolli,
250 g de sucre,
1 cuillerée à café rase de sel

Délayer la levure dans l'eau tiède et laisser gonfler 10 min, puis verser sur la farine dans une jatte, ajouter le sel.
Mélanger et battre cette pâte à la main pendant 5 à 10 min.
Couvrir la jatte d'un linge et laisser lever la pâte 1 h dans un endroit tiède, jusqu'à ce qu'elle double de volume.
Préchauffer le four sur Th 7 ou 220°.
Fariner le plan de travail, y étendre la pâte à la main sur environ 2 cm d'épaisseur. Poser 200 g de beurre et 200 g de sucre au centre et ramener les bords de la pâte pour enfermer le tout.
La poser alors dans un moule à tarte (de préférence en porcelaine à feu) et ramener à nouveau les bords de la pâte en appuyant avec le poing sur le centre. On a ainsi une petite déclivité au milieu de la pâte.
Ramollir 50 g de beurre jusqu'à ce qu'il soit presque fondu et le couler sur la pâte. Saupoudrer de 50 g de sucre et enfourner sur la grille du four.
Glisser en dessous la lèchefrite, remplie d'eau. Faire cuire 20 min. L'eau dans le four créera une chaleur humide, ce qui donnera un Kouign-Amann moelleux à souhait.
Peut se faire également avec une pâte à pain achetée toute prête.

Gâteau breton

Le pommé de Ya-Ya

Pour 6 à 8 personnes
préparation : 20 min
cuisson : 30 min

500 g de pommes aigrelettes et fondantes (reinettes),
3 verres (60 cl) de lait frais entier tiédi,
2 verres de sucre,
2 verres de farine,
2 gros œufs,
180 g de beurre demi-sel très mou,
1 sachet de levure chimique,
1/2 cuillerée à café de sel,
1 sachet de sucre vanillé

Mélanger dans une jatte le sucre, le sel et les œufs.

Ensuite, tourner avec une cuillère de bois et incorporer petit à petit la farine plus la levure tamisées.

Terminer par le beurre très mou (presque fondu) et le lait tiède.

Éplucher et couper les pommes en grosses tranches dans la pâte.

Beurrer un moule à manqué antiadhésif. Y verser la pâte.

Faire cuire le pommé 30 min dans le four préchauffé sur Th 6 ou 200°.

Saupoudrer de sucre vanillé au sortir du four. Laisser tiédir avant de démouler.

Se mange tiède.

Table des recettes

Imprimé en France par Calligraphy Print, Rennes (35) - N° imprimeur : 17181
ISBN 2.7373.2233.2 - N° d'éditeur : 3621.04.4,5.01.05
Dépôt légal : Mars 2001